Gustav Bischof

Die Gestalt der Erde und der Meeresfläche und die Erosion des Meeresbodens

Gustav Bischof

Die Gestalt der Erde und der Meeresfläche und die Erosion des Meeresbodens

ISBN/EAN: 9783743495166

Hergestellt in Europa, USA, Kanada, Australien, Japan

Cover: Foto ©berggeist007 / pixelio.de

Weitere Bücher finden Sie auf **www.hansebooks.com**

DIE GESTALT

DER ERDE UND DER MEERESFLÄCHE

UND

DIE EROSION DES MEERESBODENS

VON

GUSTAV BISCHOF

BONN,

BEI ADOLPH MARCUS.

1867.

Den Seemächten

Europa's und Amerika's

gewidmet

vom Verfasser.

Inhalt.

~~~~~

Thatsächliches.

Ist R der Halbmesser der Erde am Aequator = 859,438 geogr. Meilen;

r der Halbmesser an den Polen 856,465 Meilen;

ϱ der Halbmesser an irgend einem Punkt des Meeresspiegels zwischen dem Aequator und den Polen;

b die geographische Breite des Punktes, dessen Halbmesser man bestimmen will:

so ist $\varrho = \sqrt{\dfrac{R^2\ r^2}{(R^2 - r^2)\ \sin b^2 + r^2}}$

der einfacheren Rechnung wegen setze man r = 1, mithin R = 1,00347.

Es ist dann

$$\varrho = \sqrt{\frac{1,00695}{0,00695\ (\sin b^2 + 1)}} \cdot 856,465\ \text{Meilen}$$

Nicht zu übersehen ist, daſs das Verhältniſs des Halbmessers am Aequator zu dem an den Polen, mag es aus Breitengrad-Messungen, oder aus Pendelbeobachtungen bestimmt worden sein, sich auf das Land, nicht auf das Meer bezieht. Da weder jene Messungen, noch diese Beobachtungen auf der Meeresfläche selbst vorgenommen werden konnten: so hätte man diejenigen Werthe, welche man in der Nähe des Meeres und in gleicher Höhe über demselben erhalten hat, auszuwählen und daraus das Verhältniſs der beiden Halbmesser zu berechnen.

Savine bemerkt [1]), daſs die Erhebung über der Meeresfläche einen geringeren Einfluſs auf die Pendelschwingungen hat, als die Beschaffenheit des Bodens. Beide Fehlerquellen können selbstredend vermieden wer-

---

1) Neu-Gehler, Bd. III. S. 910.

den, wenn die zur Vergleichung dienenden Beobachtungen nicht blos in gleicher Höhe über dem Meer, sondern auch, was leicht zu erreichen ist, auf sandiger Meeresküste angestellt werden.

Freycinet [1]) erhielt aus dem an neun Orten zwischen dem Aequator und 21⁰ 35' Breite angestellten und corrigirten Pendelbeobachtungen für das Niveau des Meeres Werthe, aus denen sich die bedeutende Abplattung gleich $\frac{1}{176.5}$ ergab. Wir haben indefs, da diese Werthe nur aus einer geringen Zahl von Beobachtungen abgeleitet wurden, Anstand genommen, daraus die Halbmesser zu berechnen, sondern unseren Calculationen, die aus einer Abplattung von $\frac{1}{305.7}$ sich ergebenden Dimensionen zu Grunde gelegt [2]). Es würde ein nur unvollständig auszuführendes Unternehmen sein, alle gegebenen Pendelbeobachtungen auf das Niveau des Meeres zu reduciren, da (wenigstens in *Neu-Gehler*) in dem zahlreichen Verzeichnifs solcher Beobachtungen die Meereshöhe des Orts nur selten angeführt ist. Hoffentlich wird dies künftig geschehen; denn die reine von der Centrifugalkraft abhängige ellipsoidische Gestalt der Erde kann sich nicht auf der höckerigen Oberfläche des Landes, sondern nur in der Meeresfläche vollkommen offenbaren.

Kennt man die Meerestiefe $= m$ in irgend einem Breitengrad, so ist:

$\varrho - m$ der Halbmesser an dem Punkt des Meeresbodens, wo die Tiefe gemessen wurde, d. h. der Abstand desselben vom Mittelpunkt der Erde.

$\varrho - m - r$ die Differenz zwischen der gemessenen Tiefe des Meeresbodens und dem kleinsten Durchmesser der Erde, nämlich an den Polen. Ist diese Differenz eine positive Gröfse: so ist der Abstand des Meeresbodens vom Mittelpunkt der Erde gröfser als der der Pole, ist sie eine negative Gröfse: so ist jener Abstand kleiner als der der Pole vom Mittelpunkt der Erde.

Für die mir bekannt gewordenen Meerestiefen wurden diese Calculationen angestellt, und die Resultate in

---

1) A. a. O. S. 898.
2) A. a. O. S. 933.

nachstehender Tafel zusammengestellt. Die vielen Angaben von Meerestiefen ohne Anführung der geographischen Breiten konnten selbstredend dem Calcül nicht unterworfen werden. Sollten noch diesem Erfordernifs entsprechende Peilungen im Weltmeer vorgenommen worden sein: so würden Mittheilungen hierüber mich zu grofsem Dank verpflichten. Die in verschiedenen Maafsen, angegebenen Meerestiefen wurden auf geogr. Meilen berechnet. Die Längengrade beziehen sich auf *Greenwich*.

Nro.	Geogr. Breite	Geogr. Länge	Werthe von ϱ	Meeres-tiefen m	$\varrho - m$	ϱ-m-r
I.	36°49'S.	37°6'W.	858,367	1,891	856,476	0,011
II. a	50°30'N.		857,655	0,589	857,066	0,601
II. b	50°30'N.		857,655	0,595	857,060	0,595
III.	52°10'S.	139°16'O.	857,577	0,355	857,222	0,757
IV.	56° N.		857,389	0,499	856,890	0,425
V.	63°47'S.	149°14'W.	857,041	0,419	856,622	0,157
VI.	71°23'N.	8°44'W.	856,760	0,073	856,687	0,222
VII.	77°45'S.	178°55'O.	856,597	0,101	856,496	0,031
VIII.	78°53'N.	5°56'O.	856,572	0,164	856,408	-0,057
IX.	Wenige Meilen vom letztern entfernt.		856,572	0,147	856,425	-0,040

I. Im *Atlant. Ocean* zwischen *Rio Janeiro* und dem *Cap der guten Hoffnung* nach Cap. D e n h a m [1]). Hier fand man die gröfste bis jetzt gemessene Tiefe an einem windstillen Tage, dem 30. Oct. 1852 unter 36° 49' S. Br. und 37° 6' W. L. von *Greenwich*. Der Meeresboden wurde in einer Tiefe von 46,236 engl. Fufs erreicht. Mehrmals als man das Senkblei um 300 Fufs in die Höhe zog und wieder fallen liefs, kam die Schnur nahe bis zur anfänglichen Marke. Die Messung verdient daher volles Vertrauen.

II a. Gröfste Tiefe der *atlantischen* Telegraphen-Linie vom Jahr 1865. Diese Linie befindet sich zwischen 53° und 48° N. Br. Wir haben 50° 30' als mittlere Breite angenommen. Die Längengrade umfassen die ganze Ent-

---

1) **P o g g e n d o r f f's** Annal. Bd. LXXXIX. S. 493.

fernung zwischen der Küste von *Irland* und der *Bay* von *Newfoundland.*

Kein technisches Unternehmen hat der Wissenschaft jemals einen gröfseren Gewinn gebracht, als die electro-magnetische Verknüpfung zweier Continente mit einander durch einen weit über 400 geogr. Meilen langen, isolirten Metalldraht. Ein genaues Nivellement des Meeresboden zwischen *Irland* und *Newfoundland* mufste vorausgehen, um zu ermitteln, ob dasselbe als sichere Unterlage für eine solche Telegraphenleitung dienen könne. Fänden sich auf kurzen Distancen unter dem Meere so bedeutende Niveaudifferenzen und so steile Abhänge wie im Hochgebirge, z. B. in den *Alpen*: so würde das Unternehmen nicht möglich gewesen sein.

Diese Vorarbeiten wurden 1856 von Field und Berryman ausgeführt, indem sie die Meerestiefen quer über den ganzen *atlantischen Ocean* in Entfernungen von 30 bis 50 Meilen (Seemeilen?) mafsen.

Glücklicher Weise haben sich so geringe Differenzen ergeben, dafs defshalb die Ausführung des Unternehmens nicht bezweifelt werden konnte.

In einem kürzlich erschienenen Werke [1]) findet sich ein Profil des Bodens des *atlantischen Ocean* von *Valentia* in *Irland* bis zur *Trinity-Bay* von *Newfoundland.*

In diesem Profil ist (wie in geognostischen Profilen) für die Längen ein kleinerer Maafsstab, als für die Undulation des Meeresbodens gewählt worden. Die Meerestiefen von 34 Stationen sind nach Fathoms angegeben. Die Entfernungen der Stationen ergeben sich aus den Längengraden auf dem Profil. In nachstehender Tafel wurden beide Maafse auf geographische Meilen reducirt. Da das Cabel durchschnittlich in 50^0 30' N. Br. liegt: so ist ein Längengrad $= 9,661$ Meilen für diesen Breitengrad.

Die Tafel beginnt mit den ersten Peilungen in der Nähe der Küste von *Irland*, in 14 Grad 30 Min. W. L., und schliefst mit den letzten in der Nähe der *Bay* von *Newfoundland* in 49 Grad 30 Min. W. L.

---

1) The Atlantic Telegraph by W. H. Russell p. 56.

I Meerestiefen.	II Entfernungen zwischen je zwei Meerestiefen.	I Meerestiefen.	II Entfernungen zwischen je zwei Meerestiefen.
I 0,071		XVIII 0,485	
	9,468		12,047
II 0,430		XIX 0,407	
	11,361		12,047
III 0,503		XX 0,485	
	9,468		10,414
IV 0,479		XXI 0,552	
	12,047		9,468
V 0,516		XXII 0,479	
	11,361		12,047
VI 0,387		XXIII 0,595	
	10,414		10,414
VII 0,442		XXIV 0,577	
	11,361		10,414
VIII 0,375		XXV 0,503	
	9,468		9,468
IX 0,479		XXVI 0,497	
	12,047		11,361
X 0,460		XXVII 0,585	
	15,148		7,574
XI 0,589		XXVIII 0,546	
	18,935		10,414
XII 0,503		XXIX 0,356	
	11,361		6,627
XIII 0,534		XXX 0,367	
	10,414		6,627
XIV 0,411		XXXI 0,356	
	8,521		4,734
XV 0,498		XXXII 0,295	
	7,574		6,627
XVI 0,380		XXXIII 0,234	
	8,521		6,627
XVII 0,393		XXXIV 0,182	
	10,414		

Von der Küste von *Irland* bis Nr. I beträgt die Entfernung 49,232, von XXXIV bis zur Küste von *Newfound-*

land 47,339 Meilen. Peilungen sind auf diesen Strecken nicht vorgenommen worden; der ziemlich wellenförmige Meeresboden rückt dem Meeresspiegel sehr nahe, die Tiefen sind also sehr wenig bedeutend.

Das Minimum der Meerestiefen ist (I) 0,071
Das Medium „   „   „   0,4397
Das Maximum „   „   „ (XXIII) 0,595

Zwischen II und I ist die größte Tiefendifferenz = 0,359. Angenommen, der Meeresboden zwischen diesen beiden Punkten sei gleichmäßig geneigt: so ist der Neigungswinkel = arc. tang $\frac{0,359}{9,468}$ = 2° 10'. Gleiche Meerestiefen finden sich in III und XXV. Jene liegt nach *Irland* hin 223,077, diese nach *Newfoundland* hin 20,828 M. von der größten Meerestiefe (XXIII) ab. Der mittlere Neigungswinkel zwischen III und XXIII ist arc. tang $\frac{0,595-0,503}{20,828}$ = 15 Min. und zwischen XXV und XXIII

arc. tang $\frac{0,595-5,503}{223,077}$ = 1,5 Min. Es ergeben sich demnach für diese grofsen Entfernungen Neigungswinkel, welche als verschwindende Gröfsen zu betrachten sind.

-Obgleich zwischen je zwei Stationen mehr oder weniger bedeutende Undulationen stattfinden können, so kann dies doch nur selten der Fall sein; denn es ist nicht anzunehmen, dafs diese 34 Peilungen gerade diejenigen Stellen getroffen haben sollten, wo plötzlich Undulationen nicht vorkommen. Uebrigens haben solche geringe Neigungswinkel nur eine mathematische, aber keine geologische Bedeutung. Der Meeresboden zwischen *Europa* und *Amerika* in einer Ausdehnung von 334,793 Meilen und innerhalb einer Zone von wenigen Breitegraden erscheint daher als eine Ebene mit so geringen Undulationen, dafs dieselben im Verhältnifs zu dieser grofsen Ausdehnung verschwinden. Der Theil des Parallelkreises von 50° 30', welcher den dermaligen Meeresboden des *atlantischen Ocean* ausmacht, ist demnach nahe concentrisch mit dem Meeresspiegel.

Stellen wir es graphisch dar. Die gröfste Differenz zwischen den Meerestiefen (0,524 Meilen) verhält sich zu der Länge der ganzen Strecke (I bis XXXIV des Profil = 334,793 Meilen) wie 1:639. Die Breite nebenstehender Linie steht zu ihrer Länge in demselben Verhältnisse. Innerhalb dieser Breite lassen sich die Undulationen des Meeresbodens nicht mehr darstellen. Sie verschwinden für das Auge und ebenso in der Wirklichkeit.

Wenn, wie höchst wahrscheinlich, der ganze ursprüngliche Meeresboden der Telegraphenlinie mit einer sehr hohen Lage von Detritus bedeckt ist, so mufs eine solche Horizontalität auf einer so langen Strecke des Meeresbodens in der That überraschen. Sie erscheint nur als ein Werk der Meeresströmungen, welche auf dem beweglichen Detritus des Meeresbodens gerade so ebnend wirken, wie der Wind auf eine mit Staub oder Schnee bedeckte Fläche.

Aus den von Scoresby an nahe gelegenen Punkten der *grönländischen* Küste angestellten Messungen ergiebt sich approximativ eine Neigung von 11⁰9' gegen die Horizontale. Wenn man schon aus einem so kleinen Neigungswinkel keineswegs auf jähe Abstürze schliefsen kann: so kommt noch dazu, dafs an den Küsten, wo sich der von Flüssen oder durch Brandung zugeführte Detritus absetzt, locale Erhöhungen des Meeresbodens eintreten müssen. Ganz nahe an der Mündung eines Flusses, der ein Delta gebildet hat, kann ein Absturz von 30⁰ Neigung entstehen. Selbstredend verhält es sich aber ganz anders im Ocean und weit entfernt von den Küsten. Da finden sich, wie die Peilungen in der Telegraphenlinie gezeigt haben, nur sehr kleine Neigungswinkel.

Vergleichen wir endlich jene Neigungswinkel in der Telegraphenlinie mit dem Gefälle grofser Flüsse: so ergiebt sich folgendes:

Das Gefälle des *Rhein* pro Meile beträgt
mein Lehrb. d. chem. u. physikal. Geologie zweite Aufl. Bd. I. S.402). *)

Von *Schaffhausen* bis
    Eglisau .   122,4 F.   Von XXIII bis XXV 100,9 F.

Von *Eglisau*
    bis *Basel*   22,7 „   Von XXIII bis III   9,42 „
Von *Basel* bis
    Strafsburg 18,9 „

Es ergeben sich also Neigungswinkel im Meeresboden, welche geringer sind, als die im Bett des *Rhein*
und sehr viel geringer als in dem der *Etsch*, wo das Gefälle bis auf 1352 Fufs pro Meile steigt (Bd. I. S. 392).

Der Meeresboden der tiefsten Stelle der Telegraphenlinie liegt vom Mittelpunkt der Erde 857,066 Meilen
ab, der Meeresboden in 78 Grad 53 Minuten N. Br. nur
856,408 Meilen; dieser liegt daher dem Mittelpunkt um
0,658 Meilen näher als jener. Die Entfernung beider Stellen von einander beträgt 28 Breitengrade und 23 Minuten = 425,7 Meilen. Der mittlere Neigungswinkel ist
demnach

$$\text{arc. tang } \frac{0,658}{425,7} = 5,3 \text{ Min., d. i. } 35,3 \text{ Fufs pro Meile.}$$

Dieser Neigungswinkel des Meeresbodens des *atlantischen Ocean* innerhalb jener Breitengrade ist daher viel
gröfser als die Neigungswinkel innerhalb der Längengrade,
in denen die Telegraphenlinie liegt. So erscheint dann
der Meeresboden von dieser Linie bis zu den höchsten
Breiten, bis zu welchen die Peilungen reichen, als eine
dahin geneigte undulirte Fläche. Da nur zwei Meerestiefen auf der langen Strecke zwischen 50⁰ 30' und 78⁰ 53'
(IV und VI) bekannt sind: so ist man nicht im Stande,
den Betrag der Undulationen auch nur entfernt zu schätzen.
In VI ist der Werth von $\varrho - m - r$ sehr gering und wahrscheinlich im Zusammenhang mit der nahe gelegenen
Insel *Jan Mayen*, deren Fufs wohl bis dahin sich er-
strecken mag, wo die Meerestiefe gemessen wurde.

Wir hoffen, dafs die Engländer und Amerikaner,

---

*) Alle Citate im Text beziehen sich auf dieses Werk.

welche das grofse Unternehmen gegründet haben, namentlich diejenigen, denen wir die grofse Zahl von Peilungen verdanken, mit unseren daraus gezogenen Schlüssen zur Kenntnifs der Configuration des Meeresbodens einverstanden sein werden.

II b. Gröfste Tiefe der *atlantischen* Telegraphen-Linie vom Jahr 1866. Diese Linie liegt 30 bis 35 engl. Meilen südlicher als die von 1865 [1]).

III. Im südlichen *grofsen Ocean*, südlich von *Australien* [2]).

IV. Die projektirte Telegraphenlinie von *Schottland* über die *Fär-Oeer, Island, Grönland* und *Labrador* gab Veranlassung zu Peilungen in der *Davis-Strafse*. Auf halbem Wege zwischen *Julianehaab*, der Südspitze von *Grönland* und *Hamilton-Inlet* in *Labrador*, also in 56° N. Br. und in den Längengraden zwischen beiden Punkten ist die gröfste Meerestiefe 12192 engl. Fufs [3]).

V. Im südlichen *grofsen Ocean* [4]).

VI. Bei der Insel *Jan Mayen* zwischen *Island* und *Spitzbergen*, auf der Nordseite von der Küste in Kanonenschufsweite entfernt [5]). Der in das Meer sich hinabziehende Abhang der Insel mufs daher sehr steil sein. Es ist nicht anzunehmen, dafs man gerade die tiefste Stelle erreicht hatte. Leider hat man sich auf e i n e Peilung beschränkt, hätte man mehrere in gröfseren Entfernungen von der Insel vorgenommen: so würde man wahrscheinlich gröfsere Tiefen gefunden haben. In diesem Falle würde die Differenz in der letzten Columne der Tafel geringer geworden sein. Die Meerestiefen in den Umgebungen der Insel sind sehr unregelmäfsig.

VII. *Südliches Polarmeer* an der hohen senkrechten

---

1) Mechanic's Magazine 1866. July p. 53.

2) Handb. d. Erdkunde von G. A. v. Klöden. Th. I. S.427.

3) Mechanic's Magazine 1866. Febr. p. 97. und Sept. p. 177.

4) Handbuch der Erdkunde von G. A. v. Klöden Th. I. S. 427.

5) Nord-Fahrt entlang der norwegischen Küste nach dem *Nordkap*, den Inseln *Jan Mayen* und *Island*, unternommen während der Monate Mai bis Oktober 1861 von Dr. Georg Berna in Begleitung von C. Vogt und Andern 1863. S. 289.

Eismauer, wie sie auf der allgemeinen Weltkarte von H.
Berghaus 1864 bezeichnet ist [1]).
VIII und IX. *Nördliches Polarmeer* nach Sco-
resby [2]).

An Bord der Novara [3]) bemühte man sich in 40°44'
S. Br. und 60° 8' O. L. die Meerestiefe zu messen. In
37020 engl. Fufs Tiefe rifs aber die Schnur während des
noch anhaltenden Ablaufens. Es wurde daher nur die
Gewifsheit erlangt, dafs man in jener Tiefe noch keinen
Grund erreicht hatte.

In 27° 2' N. Br. und 24° 7' W. L. wurde gleichfalls
eine Peilung versucht; aber auch hier ohne Erfolg. In
24300 engl. Fufs Tiefe rifs die Schnur, ohne dafs der
Meeresboden erreicht wurde [4]).

In 40° 44' Br. ist der Halbmesser 858,144 Meilen.
Subtrahirt man davon den Halbmesser an den Polen: so
bleiben 1,679 Meilen, und subtrahirt man davon die Tiefe
des Meeres bis dahin, wo die Schnur rifs gleich 1,51 Meil.:
so bleiben 0,169 Meil. Wenn daher der Meeresboden so
tief unter dem gemessenen Punkt liegen sollte: so würde
diese Stelle ebenso weit wie die Pole von dem Mittelpunkt
der Erde entfernt liegen.

Es würde eine interessante Aufgabe für ein Schiff
sein, welches auf seiner Fahrt an die bezeichnete Stelle
des *grofsen Ocean* kommen sollte, die ganze dortige Meerestiefe zu messen, die nach vorstehender Rechnung 41038
engl. Fufs betragen müfste. Glückte es Denham, eine
Tiefe zu messen, die noch 5198 engl. F. gröfser als jene
war: so könnte es auch dort gelingen.

In 57° S. Br. und 85° 7' W. L. von *Paris*, 140 Seemeilen von der nächsten Küste, fand man in 12280 par.
Fufs = 0,538 Meil. noch keinen Grund [5]). In dieser Breite

---

1) Klöden, Handb. der Erdkunde a. a. O.
2) An Account of the arctic Regions etc. Edinb. 1820. II. Vol.
8. T. I. p. 189.
3) Reise der österreichischen Fregatte Novara in den Jahren
1857, 1858, 1859. Bd. I. S. 213.
4) Ebend. S. 102.
5) Poggend. Ann. Ad. LI. S. 176.

ist $\varrho = 857,345$ Meil., folglich $\varrho - r = 0,880$ Meil. Subtrahirt man davon die gemessene Tiefe: so bleiben 0,342 M. Wenn daher der Meeresboden so tief unter dem gemessenen Punkte liegen sollte: so würde dies dem Gesetz entsprechen (S. 12). Es ist sehr zu wünschen, dafs an dieser Stelle die Peilung bis zum Meeresboden wiederholt werden möchte.

Ein glücklicher Zufall war, dafs an zwei Stellen (im *atlantischen* und im *grofsen Ocean)*, deren Breiten nur $3^0 55'$, deren Längen aber 90^0, also ein Viertel der ganzen Peripherie der Erde von einander abstehen, die gröfsten Meerestiefen gemessen wurden. Eine dritte vom Cap. Ringgold im *indischen Ocean* gemessene Meerestiefe von 39700 par. Fufs ist noch anzuführen [1]. Leider fehlt die Angabe der speciellen geographischen Lage, deshalb kann diese Meerestiefe dem Calcül nicht unterworfen werden. Diese Meerestiefe scheint indefs nicht weit von den *Sunda-Inseln*, welche vom Aequator durchschnitten werden, gemessen worden zu sein [2].

Aus vorstehenden Calculationen ergeben sich folgende Resultate.

1) In I, III—VI nehmen mit zunehmender Breite die Meerestiefen ziemlich regelmäfsig ab.

2) In I, IV bis IX sind die Werthe von $\varrho - m$ ziemlich constant. Sie differiren nur in den Decimalstellen.

3) Es sind also sieben Punkte auf dem Meeresboden unter $36^0 49'$ bis $78^0 53'$ Br., und $8^0 44'$ bis $149^0 14$ W. L. und $5^0 56'$ bis $178^0 55'$ O. L. gegeben, welche sehr nahe gleich weit vom Mittelpunkt der Erde abstehen; mithin

---

1) Klöden, Handb. der Erdkunde Bd. I. S. 427.

2) Aeltere Peilungen finden sich in Poggend. Ann. Bd. LI. S. 176 und 618 und in Klöden's Handbuch Th. I. S. 81. Der Meeresboden wurde aber nicht erreicht. Eine Peilung westlich von *St. Helena*, also ungefähr in 16^0 N. Br. (nähere Angaben fehlen) erstreckte sich bis auf 30000 engl. Fufs. Der Meeresboden scheint aber auch nicht erreicht worden zu sein. Bei Klöden heifst es wenigstens, dafs man zwischen *Brasilien* und *St. Helena* in 26000 par. Fufs noch keinen Grund erreicht hatte. Es ist höchst wahrscheinlich, dafs man dort, so nahe dem Aequator, noch viel gröfsere Meerestiefen finden würde.

Radien einer nicht abgeplatteten Kugelfläche sind. Sollten Peilungen innerhalb der Aequatorialzone Werthe geben, welche den in I bis IX für ϱ—m gefundenen entsprechen: so würde man mit grofser Wahrscheinlichkeit schliefsen können, dafs der ganze ursprüngliche Erdkern kugelrund, aber mit einer concentrischen ellipsoidischen Wasserhülle umgeben war, und noch ist. Sollte man auch dann noch unseren Schlufs für übereilt halten: so müfsten wir dagegen bemerken, dafs es, abgesehen von den höchst wünschenswerthen weiteren Peilungen, ein kaum denkbarer Zufall gewesen wäre, dafs die Seefahrer gerade diejenigen Stellen im Meeresboden gefunden hätten, die sehr nahe gleich weit vom Mittelpunkt der Erde abstehen. Unter ursprünglichem Meeresboden verstehen wir den Boden wie er vor der Erosion und vor dem Absatz der Sedimente war.

4) Gleiche Meerestiefen in gleichen Breiten müssen stattfinden, wenn der Erdkern kugelrund ist. Im *atlantischen Ocean* hat sich dies für 50° 30′ Breite bestätigt. Da dieser Ocean so weit, als er von den Küsten *Amerikas* und *Afrikas* eingeschlossen ist, mit der gröfsten Menge Detritus erfüllt sein mufs, mithin innerhalb jener Ausdehnung der ursprüngliche Meeresboden durch die Peilungen nicht erreicht werden konnte: so ist es von besonderem Interesse, dafs in der Telegraphenlinie so nahe gleiche Tiefen gefunden wurden. Hieraus ist zu schliefsen, dafs der Detritus ein gleich hohes Lager, welches sich in 40° L. kaum merklich muldenförmig austieft, bildet.

In 50° 30′ N. Br. umfafst der *atlantische Ocean* 40, der *grofse Ocean* zwischen *Amerika* und *Asien* dagegen 90 Längengrade. Wenig Hoffnung ist vorhanden, dafs in diesem ein Nivellement von solcher Ausdehnung, wie in jenem, jemals ausgeführt werden wird. Es reicht aber hin, wenn nur an einigen Punkten, weit entfernt von den Küsten beider Continente, Meerestiefen gemessen werden. Es würde dann auch höchst wahrscheinlich thatsächlich erwiesen werden, dafs in diesem Ocean weniger Detritus als im *atlantischen* abgesetzt wurde, mithin gröfsere Meerestiefen, als in diesem, aber constante stattfinden werden.

5) In II a, II b und III ist der Abstand des Meeres-

bodens vom Mittelpunkt der Erde gröfser, als in den übrigen Meerestiefen. Man könnte daraus auf eine ursprüngliche Erhebung des Meeresbodens in der gemäfsigten Zone schliefsen. Dies ist aber gewifs nicht so.

In den *atlantischen Ocean* gelangt der Detritus aller unmittelbar und mittelbar sich in denselben ergiefsenden Flüsse *Europa's;* aufserdem aber auch der Detritus der an der Ostküste *Amerika's* und an der West- und Nordküste *Afrika's* mündenden Flüsse.

Da nur wenige unbedeutende Flüsse *Amerika's* in den *grofsen Ocean* und auch nur die Flüsse der südlich vom Aequator liegenden Ostküste *Afrika's* in den *indischen Ocean* sich ergiefsen: so ergiebt sich, dafs dem *atlantischen Ocean* bei weitem der gröfste Theil des Detritus aller Continente und Inseln zugeführt wird.

6) In der südlichen Hemisphäre, wo das Land im Verhältnifs zum Meer so sehr zurücktritt, in welche nur der kleinste unter den Welttheilen, *Australien,* ganz und von *Amerika* und *Afrika* nur ein kleiner Theil hineinfällt, während *Europa* und das grofse *Asien* ganz der nördlichen Hemisphäre angehören: in dieser südlichen Hemisphäre kann nur sehr wenig Detritus in das Meer gelangen. Während die Meteorwasser, welche auf die grofsen Continente der nördlichen Hemisphären fallen, mit Detritus beladen in das Meer zurückkehren, gelangt von den auf die südliche Hemisphäre gefallenen Meteorwassern der gröfste Theil ohne Detritus in dasselbe. Diese Verhältnisse könnten Gegenstand eines Rechenexempels sein. Subtrahirt man von dem Areal des Landes der nördlichen Hemisphäre das der südlichen: so ist die Differenz das Maafs für den Mehrbetrag der Meteorwasser, welche mit Detritus beladen in die Meere der nördlichen Hemisphäre gelangen. Je weniger Detritus dem Meere zugeführt wird, desto weniger verliert es von seiner ursprünglichen Tiefe. Daher müssen die Meere der südlichen Hemisphäre tiefer, als die der nördlichen sein.

Wie die Polarländer der südlichen Hemisphäre beschaffen sind, ob sich hier eine so lange unzählige Gletscher tragende Küste fortzieht, wie in *Grönland,* und ob hier die nach niederen Breiten treibenden Eisberge Detri-

tus fortführen, müssen wir dahingestellt sein lassen. Dafs
Seefahrer von den Süd-Polarländern kommenden Eisbergen begegneten, ist bekannt; ob sie aber mit Detritus
beladen waren, darüber verlautet Nichts.

7) Der Umfang der die Meere begrenzenden Seeküsten ist, wenn diese gleiche geognostische Beschaffenheit haben, das Maafs für die Wirkungen der Brandung.
Je gröfser dieser Umfang, desto mehr wird von den Küsten abgenagt, und durch die Strömungen dem ganzen
Meere zugeführt. Die Seeküsten des *atlantischen* und des
grofsen Ocean haben unter sich ziemlich gleichen, aber
viel gröfseren Umfang als die des *indischen Ocean*.

Die gröfste Oberfläche hat der *grofse Ocean*, eine
viel kleinere der *atlantische* und eine noch kleinere der
indische Ocean.

Je gröfser die Oberfläche der Meere desto kleiner
ist, unter übrigens gleichen Umständen, die Höhe der
Sedimente, welche sich in einer gewissen Zeit auf dem
Meeresboden absetzen.

Combiniren wir in den drei Weltmeeren alle Verhältnisse, welche Bezug haben auf die Erhöhung des Meeresbodens durch sedimentäre Bildungen: so ergiebt sich,
dafs im *atlantischen Ocean* dazu die günstigsten Bedingungen gegeben sind. Kein Wunder ist es daher, wenn
wir in diesem Ocean die geringsten Meerestiefen finden.
Läge auch nicht eine einzige Peilung im *atlantischen
Ocean* vor, so würde die Beachtung der erörterten Verhältnisse schon ergeben haben, dafs in diesem Ocean die
geringsten Meerestiefen stattfinden müssen.

Im *atlantischen Ocean* ist die Gegenwart von Geschieben nachgewiesen; denn es findet sich auf dem Profil
der Telegraphenlinie unter No. XIV eine Erhebung des
Meeresbodens, welche aus Geschieben (shingle) besteht.
Die Breite der Basis dieser Erhöhung ist 18,935 Meil.
Nach *Irland* hin erhebt sich das Geschiebe 0,123 Meil.
= 3006 Fufs, nach *Newfoundland* 0,087 Meil. = 2126 Fufs
über die Basis. Der Neigungswinkel des östlichen Abhanges ist demnach

$$\text{arc. tang} \; \frac{0{,}534 - 0{,}411}{10{,}414} = 41 \; \text{Min.}$$

und der des westlichen Abhanges

$$\text{arc. tang } \frac{0{,}498 - 0{,}411}{8{,}521} = 35 \text{ Min.}$$

Dieses 18,935 Meilen breite und 2126 bis 3006 Fuſs über seine Basis sich erhebende submarine Gebirge kann sich mit vielen über das Meer sich erhebenden Gebirgen, z. B. mit dem *rheinischen Schiefergebirge* messen. Die Abdachung jenes submarinen Gebirges ist unstreitig viel geringer als die des Thonschiefergebirges, selbst wenn man die Thäler in demselben, wie sich von selbst versteht, unbeachtet läſst.

Ueberhaupt hat das oft belobte groſsartige Unternehmen der Telegraphenlinie die erste, hoffentlich nicht die letzte Gelegenheit dargeboten, den Meeresboden im Ocean und die submarinen Gebirge kennen zu lernen und sie zu vergleichen mit den über den Meeresspiegel sich erhebenden Gebirgen. Sehr wahrscheinlich ist, daſs schroffe Abstürze in submarinen Gebirgen nur äuſserst selten vorkommen. Auf keine Angabe kann man wenigstens bauen, wenn nicht die Entfernungen zwischen je zwei Punkten, wo man bedeutende Tiefendifferenzen gefunden hat, genau gemessen werden. Darüber sind wir im Klaren, daſs solche jähe Abdachungen erst entstehen, wenn die über das Meer gehobenen Gebirge erodirt und, je nach dem Lauf der Gewässer, durch mehr oder weniger tiefe Thäler vielfach durchschnitten werden [1]).

Da wo im Meer steil über dasselbe sich erhebende Inseln vorkommen, zieht sich der Fuſs derselben wohl meist eben so steil in das Meer hinab. Solche jähe Abstürze sind aber selbstredend nicht Undulationen des ursprünglichen Meeresbodens, sondern das Werk späterer Hebungen.

---

1) Oscar Peschel kommt in einer sehr interessanten Abhandlung »Neue Probleme der vergleichenden Erdkunde« in der Zeitschrift »Das Ausland« u. s. w. No. 8. 1867 auf diesen Gegenstand zu sprechen. Wir vermögen, sagt er mit vollem Recht, einen alten und lästigen Irrthum abzustreifen. Wiederholt hört man nämlich behaupten, daſs der Boden der Oceane dieselben Rauhheiten zeige, wie unsere den feindseligen Angriffen der Witterung preisgegebene trockene Erdoberfläche.

Ob jene Erhöhung in der Telegraphenlinie durch und durch aus Geschieben besteht, wurde nicht und konnte nicht ermittelt werden. Da im Allgemeinen jede sedimentäre Formation mit zum Theil mächtigen Conglomeraten beginnt: so kann ein 2126 bis 3006 Fuſs mächtiges Lager von Geschieben, welches durch kohlensauren Kalk, Kieselsäure oder Eisenoxydhydrat u. s. w. cementirt ein Conglomerat giebt, nicht befremden.

Da jene Geschiebe in gerader Linie von der Küste *Irlands* 193 und von der Küste *Newfoundlands* 222 Meilen abliegen, mithin nahe in der Mitte des *atlantischen Ocean* vorkommen: so ist es nicht möglich, daſs sie von diesem oder von jenem Lande abstammen.

In der Regel nimmt das Gefälle der grofsen Flüsse, mithin ihre Geschwindigkeit und das davon abhängige Fortführen der Geschiebe auf ihrem Bette um so mehr ab, je mehr sie sich ihrer Mündung in das Meer nähern. Die Delta im Meer an der Mündung, die Sandbänke vor denselben in den Flüssen zeigen die Grenzen, bis zu welchen die Geschiebe fortgeführt werden. Da das Wasser der Flüsse specifisch leichter, als das des Meeres ist: so kann die Endgeschwindigkeit, welche jenes an der Mündung erlangt, nur ein Fortfliefsen auf der Meeresoberfläche veranlassen. Ist der Fluſs trübe und das Meer ruhig: so kann man diese Strömung manchmal viele Meilen weit in dasselbe hinein verfolgen. Ebensoweit hinein kommen daher die schwebenden Theile zum Absatz, nicht aber Sand und noch weniger Geschiebe. Eben so verhält es sich mit den mit grofsem Gefälle von hohen Gebirgen herab unmittelbar in das Meer fliefsenden Gewässern. Stets kann sich die Strömung auf der Meeresoberfläche fortsetzen. Der an den Seeküsten angehäufte Detritus kann nur durch Meeresströmungen fortgeführt werden. Von den Küsten *Irland's* und *Newfoundland's* ziehen sich aber solche Strömungen nicht nach der Mitte des Ocean hin.

Daher bleibt keine andere Annahme übrig, als daſs sie durch Polarströmungen auf dem Meeresboden bis zum Orte ihres Vorkommens geschoben oder von Eisbergen dahin getragen wurden, oder daſs sie das Werk der Ero-

sion des Meeresbodens durch Meeresströmungen sind.
(Davon im Folgenden.) In jenen beiden Fällen ist ihre
Abstammung von Gletschern in den Polarländern sehr
wahrscheinlich.

Daß den Seefahrern Eisberge von grofsem Umfang
mit Detritus beladen nicht selten begegnet sind, ist eine
bekannte Thatsache. Kleinere Eisberge kommen früher,
gröfsere später zum Abschmelzen. So kann der getragene
und niedergesunkene Detritus von höheren bis zu niederen Breiten ein weit ausgedehntes Lager gebildet haben [1]).

Ob die Fortführung von Geschieben auf dem Meeresboden des *atlantischen Ocean* noch fortdauert oder ob
sie ihr Ende erreicht, kann kein Gegenstand weiterer For-
schungen sein. Da der Meeresboden von 78° 53' Br. an
bis zur Telegraphenlinie, wenn auch nur sehr wenig an-
steigt: so wächst die Schwierigkeit des Fortschiebens mit
dem Ansteigen der Geschiebe, bis endlich die Strömungen sie nicht mehr bewältigen können. Dann bleibt nur
die Fortführung derselben durch Eisberge noch übrig.

Im Profil der Telegraphenline ist unter No. XVIII
Gestein (stone) und unter No. XXXIV 47 Meilen von
Newfoundland Schlamm (mud) angegeben. Auch Carl
Vogt [2]) berichtet, dafs man in der Telegraphenlinie
(die geographische Länge ist nicht angegeben) einen sehr
feinen Schlamm, in welchen das Senkblei 30 Fufs und
tiefer sank, gefunden habe.

So weit die Folgerungen, welche sich aus den Peilungen der Telegraphenlinie ergeben haben. Noch andere
isolirte Peilungen liegen vor. Es lassen sich im *atlantischen
Ocean* aber daraus keine weiteren Folgerungen ziehen.
Die verhältnifsmäfsig geringen Meerestiefen zeigen nur,
dafs sich die Ablagerungen von Detritus in diesem Ocean
noch weit in niederen Breiten fortziehen [3]).

---

1) Peschel (a. a. O.) bemerkt ganz richtig, dafs die Eisberge, welche auf die Bank von *Newfoundland* gelangen und dort
schmelzen, zur Erhöhung derselben beitragen, indem sie den ge-
tragenen Detritus fallen lassen.

2) Carl Vogt in Westermann's Monatsheften Mai 1865. S. 200.

3) Auf der Karte von *Nord-Amerika* in Stieler's Handatlas
von 1866 No. 46a sind mehrere Meerestiefen des *atlantischen Ocean*

III (auf Tafel S. 9). Diese Stelle ist von der Süd-
küste *Australiens* nur 13 Breitengrade entfernt, die Gegenwart von Detritus ist zu vermuthen, und da zwei unter verschiedenen Richtungen zusammenstofsende Strömungen, die südaustralische und die antarktische Trift
vorhanden sind: so sind wie unten gezeigt wird, die Bedingungen zu Absätzen gegeben. So wird die im Verhältnifs zur geogr. Breite so geringe Meerestiefe an jener
Stelle erklärlich.

φ 5) In der Columne φ—m—r (S. 3), welche die Tiefenunterschiede zwischen den gemessenen Meerestiefen
und den Polen angeben, sind die Werthe in I—VII posi-
tiv, in VIII und IX negativ. Jene sieben Meerestiefen
stehen daher weiter vom Mittelpunkt der Erde ab als die
Pole. Diese zwei Meerestiefen sind dem Mittelpunkt näher
als die Pole.

---

zwischen 45 und 40° N. Br. und 30 und 60° W. L. angegeben. So
östlich von *Newfoundland* in 45° 42′ N. Br. eine Tiefe von 0.442 Meilen, östlich von *Nova Scotia* in 40° 4′ Br. von 0,671 Meilen. Der
Detritus an diesen Stellen wird verhältnifsmäfsig noch mehr betragen
als auf der Telegraphenlinie. Auf derselben Karte ist eine punk-
tirte Einfassung von bedeutendem Umfange zwischen 40 und 20° N. Br.
bezeichnet als tiefste Stelle des *nord-atlantischen Ocean*. Sie schliefst
die Meerestiefe I ein. An der südöstlichen Einfassung fand sich
eine Tiefe von 1,154 M., die gröfste war 1,193 M., die geringste
0,982 M.

In 32° 18′ N. Br. erreichte man in 1,399 M. Tiefe noch nicht
den Meeresboden.

Man hat nur an den Grenzen jener Einfassung Peilungen vorgenommen; es würde aber sehr verdienstlich gewesen sein, wenn
dies auch innerhalb derselben geschehen wäre. Sehr wahrscheinlich
würde man hier noch gröfsere Tiefen gefunden haben. In diesem
Falle würde diese Einfassung als ein submarines Becken erscheinen,
welches eine Fläche umschliefst, die es anschaulich macht, welche
enorme Ausdehnung die sedimentären Formationen gewinnen können, wenn solche Becken mit Sedimenten erfüllt und über den Meeresspiegel gehoben werden.

Durch diese Tiefenmessungen ist demnach die Zunahme der
Meerestiefen im *atlantischen Ocean* von den höheren nach den niederen Breiten erwiesen. Dies zeigt sich auch etwa 7 Meilen östlich
von den *Bahama*-Inseln in 26° N. Br., also so nahe am Lande, wo
noch eine Tiefe von 1,02 Meile gefunden wurde.

Sie sind aber noch lange nicht die tiefsten Stellen im *nördlichen Polarmeer*; denn S c o r e s b y führt an, dafs er selbst in Tiefen von 4020 bis 7200 Fufs zwischen 79° 4' und 75° 50' N. Br. keinen Grund erreicht hat. Bei diesen Tiefen ergeben sich für $\varrho - m - r$ schon die Werthe von —0,057 und —0,110. Noch gröfsere negative Werthe würden sich also ergeben, wenn die Tiefen bis zum Boden des Meeres ermittelt worden wären.

Demnach scheint der Meeresboden zwischen *Grönland* und *Spitzbergen*, so weit die Peilungen reichen, von 75° 50' Br. 48,5 Meilen nach Norden und innerhalb einer Länge von 11° 25' mindestens 0,040 bis 0,110 dem Mittelpunkt der Erde näher zu liegen als der Nordpol.

Entweder ist diese Vertiefung die Folge einer Erosion des Meeresbodens, oder sie war schon in der Schöpfungsperiode vorhanden. Fand letzteres statt und sollte sich diese Vertiefung noch 11 Breitengrade weiter bis zum Pol fortziehen, oder sogar noch zunehmen: so würde hieraus folgen, dafs die Abplattung der Erde noch gröfser ist, als man sie aus Pendelbeobachtungen und aus anderen Verhältnissen berechnet hat. In diesem Fall würde der Halbmesser an den Polen kleiner werden, als wir ihn angenommen haben. Vielleicht ist dann die von F r e y c i n e t gefundene Abplattung von $\frac{1}{176,8}$ (S. 2) nicht zu grofs.

In I, IV—IX (S. 11) sind jene Tiefenunterschiede so gering, dafs sie im Verhältnifs zu den Erdhalbmessern als verschwindende Gröfsen zu betrachten sind. Da wohl nirgends der Meeresboden ganz frei von Sedimenten ist: so könnte man die Tiefenunterschiede in I—VII als Maafse der Mächtigkeit dieser Sedimente betrachten. Dafs dies in II und IV der Fall ist, glauben wir bewiesen zu haben.

Messung der Meerestiefen auf indirectem Wege.

Dies kann erreicht werden, wenn die Mächtigkeit der sedimentären Formationen in irgend einer geogr. Breite bekannt ist. Man findet dann das Minimum der Meerestiefen.

Selbstredend ist, dafs ein Meer, in welchem solche sedimentäre Formationen entstanden sind, mindestens ebenso tief gewesen sein müfste, wie diese mächtig sind. Nach Vollendung dieser Formationen konnten sie nur durch Hebung über das Meer kommen.

Nach v. O c y n h a u s e n erreicht das Rheinische Thonschiefergebirge eine Mächtigkeit von mehr als 30000 Fufs $= 1{,}269$ Meilen (Meine Geologie Bd. I. S. 13). Die mittlere geogr. Br. der atlantischen Telegraphenlinie $= 50^0\ 30'$ (II) kann man auch für die mittlere jenes Gebirges setzen.

Es ist daher ϱ . . . . . . $= 857{,}655$ Meilen
davon subtrahirt den kleinen Halbmesser der Erde . . . . $= 856{,}465$ „
giebt die approximative Tiefe des Meeres, in welchem das Thonschiefergebirge sich abgesetzt hatte . . . . $=\ \ \ \ 1{,}190$ Meilen.
Diese Gröfse subtrahirt von der geschätzten Mächtigkeit des Gebirges giebt die unbedeutende Differenz von . . $=\ \ \ \ 0{,}079$ Meilen.

Der Annahme, dafs dieses Gebirge unmittelbar auf dem ursprünglichen Meeresboden liegt, steht daher nichts entgegen. Ebenso ist v. O c y n h a u s e n's Schätzung gewifs nur sehr wenig übertrieben.

Genaue Messungen der Mächtigkeit der Steinkohlenformation bei *Saarbrücken* verdanken wir den Bemühungen v. D e c h e n's (Meine Geologie Bd. III. S. 275). Danach ist die Tiefe der untersten bekannten Schicht der productiven Steinkohlenformation 17703 Fufs unter der Oberfläche und 16503 Fufs unter dem Meeresspiegel. Hierbei ist die Möglichkeit einer noch gröfseren Mächtigkeit nicht ausgeschlossen.

Für die geogr. Br. von *Saarbrü-*
cken = 49⁰ 15′ ist ϱ . . . . . = 857,724 Meilen
davou ab der kleine Halbmesser der
Erde . . . . = 856,465 „
giebt die approximative Tiefe des Meeres, in welchem sich diese Steinkohlenformation abgesetzt hatte . . . = 1,259 „
die Mächtigkeit dieser Formation ist,
so wie sie bekannt ist . . . . . = 0,749 „
Differenz = 0,510 Meilen.

Es steht daher nichts der Annahme entgegen, dafs
unter dieser gemessenen Mächtigkeit dieser Formation,
wenn sie nicht selbst noch mächtiger ist, Thonschiefer
liegen werde.

Da diese Formation 1200 F. über dem Meeresspiegel
liegt, so ist diese Zahl das Maafs der Hebung.

Nach H. Rogers erreichen in *Pennsylvanien* die
silurische und die als rother Sandstein ausgebildete de-
vonische Formation mindestens eine Mächtigkeit von
30000 Fufs (engl.?) (Geologie Bd. III. S. 275). Dieser
Staat liegt zwischen 40 und 42⁰ N. Br. Als mittlere Breite
können wir den oben (S. 10) berechneten Halbmesser für
40⁰ 44′ Br. annehmen.

Demnach ist ϱ . . . . . . = 858,144 Meilen
davon ab der kleine Halbmesser der
Erde . . . . = 856,465 „
giebt die approximative Tiefe des Meeres, in welchem sich jene beiden Formationen abgesetzt hatten . . . . = 1,679 „
Die Mächtigkeit derselben ist . = 1,227 „
Ueberschüssige Meerestiefe . . = 0,452 Meilen.

Die Annahme Roger's, „mindestens eine Mächtigkeit von 30000 Fufs" ist also gewifs nicht übertrieben.

Wünschenswerth ist, dafs noch näher am Aequator
die Mächtigkeit solcher sedimentärer Formationen ermittelt werden, um zu sehen, ob mit wachsender Meerestiefe
auch die Mächtigkeiten dieser Formationen wachsen.

Unbeachtet gebliebene Thatsachen.

Klar vor Augen liegt, dafs die Flüsse und die Brandung dem Meeresboden Material zu den sedimentären Bildungen in der Jetztzeit liefern.

Durch die Erosion gelangt das, was von den höchsten wie von den niedrigsten Punkten der Continente und von Inseln abgenagt wird, in das Meer, durch die Brandung nur das, was von den steilen Küsten abgerissen wird. Durch die Brandung stürzen grofse Felsmassen in das Meer, welche rings umher den Meereswogen Preis gegeben, mechanisch zermalmt und chemisch zersetzt werden. Was vom Wasser getragen werden kann, wird von den Meeresströmungen fortgeführt, und kommt im ruhigen Wasser zum Absatz.

Wo daher viele Flüsse in das Meer münden, wo weit ausgedehnte Küsten von demselben bespült werden, da wird ihm viel von schwebenden Theilen zugeführt. Die nördliche Hemisphäre liefert daher dieses Material in weit überwiegender Menge.

Ob diese Zuführung nur auf diese Weise erfolgt, und woher das Material in jener Periode stammte, wo Land noch nicht über das Meer gekommen war, wo es also weder Flüsse gab noch Seeküsten, auf welche die Brandung wirken konnte, blieb meines Wissens unerörtert. Das nahe Liegende wurde wenigstens nicht beachtet.

Von der Schöpfungsperiode bis zur Jetztzeit wirkt eine mächtige Kraft, die Material zu sedimentären Bildungen in unberechenbarer Menge liefert. Es sind die Meeresströmungen, welche diesen Dienst geleistet haben und noch leisten [1]). Wie die Flüsse die Erdoberfläche, so erodiren auch diese Strömungen den Meeresboden, wenn sie sich bis zu demselben hinabziehen.

Beispiele von Meeresströmungen von grofser Mäch-

___

[1]) Die Polarströmungen nehmen wir als gegeben. An einem anderen Orte werden wir zeigen, dafs sie eine Folge der Aequatorialströmungen sind.

·tigkeit liegen vor. So hat der Aequatorialstrom, der am *Cap der guten Hoffnnng* neben der *Agullas-Bank* vorbeizieht, und sich in den Kanal von *Mosambique* ergiefst, eine Tiefe von wenigstens 2763 Fufs. Im Jahr 1819 nahm Cap. Du-Petit-Thouars in dem kalten Strom an der Küste von *Peru*, dem berühmten Entdecker desselben zu Ehren *Humboldts-Strom* genannt, eine Peilung vor. Da während derselben die Fregatte bei vollkommener Windstille und vollständig eingerefften Segeln von Süden nach Norden getrieben wurde und der 5465 Fufs = 0,224 Meil. lange Strick immer senkrecht blieb: so konnte nur der Strom das Schiff mit dem Senkblei fortbewegt haben. [1]

Dafs endlich bis zu noch gröfseren Tiefen manche Strömungen reichen, zeigt die Peilung bis zu 24300 Fufs Tiefe (S. 10); denn durch dieselben wurde die Schnur von der senkrechten Richtung abgelenkt, und die Messung unsicher gemacht.

Barrow[2]) berichtet, dafs sich tief in das Meer hineinziehende Eisberge bisweilen gegen den Wind bewegen, während flache Eismassen dem Wind folgen. Jene können daher nur durch submarine Strömungen, welche nicht bis zur Oberfläche reichen, fortgeschoben werden.

Den evidentesten Beweis, dafs sich Meeresströmungen, wenn auch nicht alle, bis zum Meeresboden hinabziehen, liefern Ehrenberg's Untersuchungen von Proben desselben aus Tiefen von 10800 bis 12900 Fufs im *atlantischen Ocean*. Er fand darin zahlreiche organische Formen, überwiegend kleine Muschelschalen, welche nicht leer, sondern oft mit thierischer Substanz erfüllt waren. Es sind Kalk- und Kieselschalen (Geologie Bd. III. S. 153).

Bei den S. 4 angeführten Peilungen hat man mittelst Löffelbohrer Proben des Meeresbodens hervorgebracht. Nach mikroskopischer Untersuchung bestanden dieselben aus feinen Muscheln und Sand[3]). Wahrscheinlich sind es dieselben Proben, wie die von Ehrenberg unter-

---

1) Ergänzungsband I. zu Poggendorff's Annal. S. 632.
2) Gilb. Annal. Bd. LXII. S. 159.
3) The Atlantic Telegraph p. 11.

suchten. Dafür spricht, dafs die von demselben angeführte
Meerestiefe von 10800 F. in dem Profilrifs des Atlantic
Telegraph (p. 56) in 21° W. L. sich findet.

Es ist schade, dafs genauere Angaben, ob auf der
ganzen Länge der Telegraphenlinie oder nur an einzelnen
Stellen solche Organismen gefunden wurden, fehlen. Die
Zahl der Peilungen mufs sehr grofs gewesen sein, da
sie den Zweck hatten, die Beschaffenheit des Meeresbodens zu ermitteln, und die Frage zu beantworten, ob es
möglich ist den langen Draht zu legen und ihn gegen
Beschädigung zu sichern: so konnte das Wissenschaft-
liche nur eine Nebensache sein. Dankbar mufs anerkannt
werden, dafs es nicht ganz unbeachtet blieb.

Unbeweglichen Muschelthieren auf dem Meeresboden
können Nahrungsmittel, so wie Kalk und Kieselsäure zum
Bau ihrer Schalen nur durch das Meerwasser zugeführt
werden. Es kann daher nicht stillstehendes Wasser sein,
in welchem sie leben, sondern es mufs in Bewegung sein.
Da nun bis zu jenen grofsen Tiefen die Wellenbewegung
lange nicht mehr reicht: so kann neues Wasser nur durch
bis zum Meeresboden reichende Strömungen zu den Muschelthieren gelangen.

Es genügt, mit wenigen Worten auf die mächtigen
noch deutlich erkennbare organische Formen enthalten-
den Kalkgebirge hinzudeuten, um zu beweisen, dafs auch
in jenen langen sedimentären Perioden Strömungen den
Muschelthieren auf dem Meeresboden Nahrung und Material zum Bau ihrer Schalen zugeführt haben und noch
zuführen.

Auch die athmenden Seethiere können unterhalb der
Wellenbewegungen nur in solchen Meerestiefen noch leben, bis zu denen die Strömungen reichen, d. h. bis wohin
Wasser zugeführt wird, welches auf der Meeresfläche mit
der atmosphärischen Luft in Berührung gekommen ist.
Nur durch Absorption dieser Luft kann das Meerwasser
wieder fähig werden, die Respiration der Seethiere zu
unterhalten. Das Wasser der Aequatorialströme nimmt
den weiten oberflächlichen Lauf bis zum Polarmeer (im
atlantischen Ocean durch den *Golfstrom*), wobei mit all-
mäliger Abnahme seiner Temperatur die Absorption der

atmosphärischen Luft zunimmt. Es folgt dort dem Polar-
strom, oder vielmehr es bedingt ihn. So strömt ein mit
atmosphärischer Luft gesättigtes Wasser auf dem Meeresboden fort bis zu niederen Breiten. Die Bedingungen
des Lebens der Seethiere bis zu den gröfsten Tiefen sind
daher gegeben. Sollten locale schroff und tief einge-
schnittene Mulden im Meeresboden vorkommen: so würde
das darin enthaltene Wasser stagniren und die Strömung
darüber weggehen. Das Profil der Telegraphenlinie zeigt
indefs solche Mulden nicht.
Die Geschwindigkeit mehrerer Meeresströmungen
hat man ermittelt. Sie steigt von 2 bis auf 7,9 Fufs in
1 Secunde. Als mittlere Geschwindigkeit der Flüsse
nimmt man 3 bis 4 Fufs an; bei den Alpenflüssen steigt
sie bis auf 11,6 Fufs. Die Geschwindigkeit der Meeresströmungen kann sich daher mit der der Flüsse messen.
Die Bewegung des Wassers in den Flüssen ist die
Ursache der Erosion; sie mufs es daher auch im Meer
sein. Je höher der Druck des sich bewegenden Wassers
desto gröfser ist der Effect.
Dieser Factor der Erosion überwiegt im Meere, wo
sich viele tausend Fufs tiefe Wassersäulen bewegen, den
in selbst tiefen Flüssen so sehr, dafs dieser dagegen fast
verschwindet. Wie sehr der Druck die Erosion befördert,
zeigen die trüben Flüsse, welche aus den hunderte von
Fufsen hohen Eismassen der Gletscher kommen.
Auch die chemischen Wirkungen, die Zersetzung
der Gesteine, welche die Erosion befördert, müssen auf
dem Meeresboden weit energischer von Statten gehen,
als auf den Flufsbetten. Kohlensäure und Salze sind im
Meerwasser in gröfserer Menge als im Flufswasser vorhanden. Jene ist das Hauptzersetzungsmittel der Silicat-
gesteine, aus denen der ursprüngliche Meeresboden un-
zweifelhaft bestanden hatte und noch besteht. Diese
nehmen auch an manchen Zersetzungsprocessen Theil.
Wir sehen, wie in den Flüssen der nur einmal entstandene und durch die Strömung fortgeschobene Detritus
erodirend auf das Flufsbett wirkt. Dasselbe mufs auf dem
Meeresboden in viel höherem Grade stattfinden.
Der Effect des Stofses kann als Maafs für den der

Erosion dienen. Setzt man für die gröfste Geschwindigkeit der Hoch-Alpenflüsse 11,6 Fufs in der Secunde und
10 Fufs als Tiefe derselben, setzt man das Minimum der
Geschwindigkeit der Meeresströmungen = 2 Fufs für den
oben (S. 23) angeführten mindestens 5465 Fufs tiefen Po-
larstrom: so ergiebt sich für gleiche Grundflächen beider
Strömungen, dafs der Erosions-Effect der letzteren 16mal
so grofs ist als der der ersteren [1]).

Die tief eingeschnittenen Flufsthäler haben wir vor
Augen; sie dienen als Maafs für die Einschnitte im Meeresboden durch die Strömungen. Die Breite jener Einschnitte entspricht der Breite der Strömungen. Ueber-
dies ist nicht zu übersehen, dafs die Erosionsperiode des
Meeresbodens bis zum Anfang der Rotation der Erde
um ihre Axe hinaufreicht; während die der Flufsthäler
erst nach der Hebung der Continente über das Meer
eintrat.

Wie in Flüssen die feinsten Detritustheile schwebend
bis dahin geführt werden, wo die Strömung aufhört: so
auch im Meer. In Mulden auf dem Meeresboden und
da, wo entgegengesetzte Strömungen zusammenstofsen,
sind die Bedingungen zum Absatz der Detritustheile gegeben.

Die Flüsse zeigen, was in den Meerestiefen von
Statten gehen mufs. Wo kleinere Flüsse in gröfsere
fliefsen, da entstehen Sandbänke, die bei niederem Was-
serstand sichtbar, bei hohem vom Hauptstrom theilweise
fortgeführt werden. Wird mehr Detritus zu- als fortgeführt: so wird sogar der Nebenflufs gezwungen seinen
Ausflufs zu verändern. Ein auffallendes Beispiel dieser
Art bietet die unterhalb *Bonn* in den *Rhein* mündende
Sieg dar, deren jetziger Ausflufs weit entfernt von ihrem
früheren stromaufwärts liegt.

Wie die Unterbrechung der Strömung den Absatz
begünstigt, das zeigen die Wehre, welche man zum Schutze
der Ufer quer in den Flufs hinein baut. An diesen setzt
sich der vom Wasser getragene und fortgeschobene De-

---

1) Bekanntlich ist die Kraft des Stofses gleich mc^2, wenn m
die Masse und c die Geschwindigkeit des stofsenden Körpers ist.

tritus ab. Hat sich der Meeresboden da, wo entgegengesetzte Strömungen zusammenstofsen, durch Absätze von Detritus erhöht: so geschieht dasselbe wie an den Wehren. Immerfort setzt sich an den Abhängen der Erhöhungen so wie auf denselben Detritus ab, dort grober, hier feiner. Der submarine Berg wächst in die Höhe und in die Breite, und so entstehen die Untiefen im Meer, die sog. Sandbänke.

Erreicht das submarine Gebirge die Meeresfläche: so hört selbstredend jede weitere sedimentäre Bildung auf. Nur durch Hebung kann es über das Meer kommen und, wie unsere Gebirge zeigen, bedeutende Höhen erreichen. Da der Act der sedimentären Bildungen unabhängig von dem der Hebungen ist: so |konnte diese schon eintreten, ehe noch jene den Meeresspiegel erreicht hatten.

Dafs zur Erklärung säculärer Hebungen chemische Processe, welche in den gehobenen Massen oder in ihrer Unterlage von Statten gehen, hinreichen, habe ich in meiner Geologie Bd. I. S. 338 ff. gezeigt. An einem anderen Orte werde ich diesen Gegenstand weiter verfolgen.

Was von submarinen Bergen gilt, die nach ihrer Erhebung nur kleine Inseln bilden, das hat auch Bezug auf ganze Continente. Diese gigantischen Inseln wurden gewifs nicht auf einmal, sondern nach und nach innerhalb langer geologischer Perioden über das Meer gehoben. Die höchsten Punkte tauchten zuerst auf, die niedrigsten schlossen die Hebungsperiode. Dafs indefs an manchen Orten noch jetzt diese Periode nicht beendet ist, zeigt *Skandinavien*.

Lagen und liegen jetzt noch Inseln an Stellen im Meere, wo entgegengesetzte Strömungen stattfinden: so waren und sind die Bedingungen vorhanden zur Vergröfserung der noch in das Meer tauchenden Abhänge dieser Inseln durch fortgesetzte Absätze. Die fortdauernde Hebung bringt sie über das Meer.

Da wir zu dem Schlusse gekommen sind, dafs die Geschiebe auf den Meeresboden der Telegraphenlinie theils durch schwimmende Eisberge, theils durch die Polarströme gelangt sind (S. 16), da ferner der Meeres-

3

boden in 78° 53′ Breite (S. 3 und VIII und IX) dem Mittelpunkt der Erde um 0,04 bis 0,057 Meilen näher liegt
als die Pole, so liegt die Vermuthung nahe, dafs diese
Vertiefung das Werk der Erosion ist.

Grönland's Gletscher erodiren, wie alle Gletscher,
ihre Unterlage während ihres Fortrückens in hohem
Grade. Damit ist die von P i n g e l nachgewiesene Senkung der westlichen Küste von *Grönland* zwischen 62°
und ungefähr 69° N. Br. (Bd. I. S. 355) in Uebcrein-
stimmung.

In den *Alpen* werden die durch Gletscher von ihrer
Unterlage abgeriebenen feinsten Theile von den Gletscher-
flüssen fortgeführt, die von den diese Gletscher einschlie-
fsenden Bergabhängen durch Lavinen herabstürzenden Gesteine werden von den fortrückenden Gletschern getragen
und fallen an ihrem unteren Ende herab. So bilden sich
die oft mehrere hundert Fufs hohen Moränen. Dasselbe geschieht bei den Gletschern *Grönlands.* Von den an den
Seeküsten endenden Gletschern gelangen die schwebenden
Theile, wie die Blöcke in das Meer. Nicht allein wird die
Unterlage dieser Gletscher erodirt, sondern die sie ein-
schliefsenden Gebirge nehmen an Höhe ab. Ob dies die
alleinige Ursache der Senkung *Grönlands* ist, oder ob unter
dieser grofsen Insel chemische Processe von Statten gehen, wodurch eine Volumen-Abnahme bewirkt wird, bleibt
dahin gestellt.

Schliefslich noch die Bemerkung, dafs auch die von
den Polarmeeren in niedere Breiten treibenden Eisberge
Antheil an der Erosion des Meeresbodens nehmen, wenn
sie bis zu diesem hinabreichen. Ein 250 Fufs über den
Meeresspiegel ragender Eisberg, wie ihn W e d d e l [1])
auf seiner Reise nach dem *Südpol* gesehen hat, mufs sich
4662 F. unter denselben hinabziehen. Wo daher das Meer
diese Tiefe hat, wird ein solcher Eisberg während seiner
Bewegung unfehlbar erodiren. Hierüber in einem später
folgenden Nachtrage das Nähere.

Die oben (S. 19) hingestellte Vermuthung, dafs die
Stellen im *Polarmeer*, welche tiefer als der *Nordpol* lie-

---

1) *Neu-Gehler*, Bd. III. S. 146.

gen, das Werk der Erosion seien, wird durch vorstehende
Betrachtungen fast zur Gewifsheit.

Dem Meeresboden im *Polarmeer* werden keine Geschiebe, sondern nur geringe Mengen schwebender Theile
durch den *Golfstrom* zugeführt, welche aber mit dem
dort durch Erosion entstandenen groben Detritus von den
Polarströmen wieder fortgeführt werden. Damit ist auch
in Uebereinstimmung, dafs in den niederen Breiten die
mächtigsten Massen Landes aus den tiefsten Meeren bis
zu den gröfsten Höhen, in der Polarzone dagegen die am
wenigsten mächtigen Massen aus den seichtesten Meeren
bis zu den geringsten Höhen aufgestiegen sind. Was hier
fehlt ist dort hinzugeführt worden.

Diese Verhältnisse sind für den Haushalt der Natur
von grofser Wichtigkeit; denn dadurch, dafs die gröfsten
Höhen in der heifsen Zone vorkommen, wird die tropi-
sche Hitze gemäfsigt und das organische Leben begünstigt. Die Hochländer in *Amerika* (*Mexico*, *Peru*, deren
Hauptstädte 7000 bis 9000 F. Meereshöhe haben u. s. w.)
und in *Asien* (*Indien*) bezeugen dies.

Thatsächliches mit Hypothetischem gemischt.

———

Nichts was ponderabel ist, kommt von aufsen auf unsere Erde [1]). Grofse, sehr grofse Massen mufsten translocirt werden, um Continente und Inseln zu schaffen. Die Plutonisten liefsen alle diese Massen in feuerflüssigem oder wenigstens sehr heifsem Zustande aus Vorrathskammern tief unter dem Meeresboden mit Schnelligkeit aufsteigen, damit sie nicht während ihres Aufsteigens aus dem tiefen Meer erstarrten und stecken blieben oder wenigstens den Hebungsmitteln ihr Werk gar zu sehr erschwerten. Doch waren einmal alle Schwierigkeiten überwunden: so konnte dies auch oft wiederholt geschehen; denn vom Granit bis zum Basalt zählte man eine lange Reihe von sogenannten Eruptiv-Gesteinen, welche immerfort neue Kanäle aufsuchen mufsten um zu Tage zu kommen, und sich oben auszubreiten. Grofse Massen, welche dem Innern der Erde entzogen werden, mufsten grofse hohle Räume zurücklassen. Der Alles ordnenden Natur überliefs man dafür zu sorgen, dafs Pfeiler stehen blieben, damit die Gewölbe nicht zum Einsturz kamen.

Jedoch noch in der Jetztzeit steigen von Zeit zu Zeit geschmolzene Massen auf, welche theils den Meeresboden durchbrechen und in das Meer gelangen, theils in Spalten im Gestein sich erhebend über die Erdoberfläche fliefsen. Der Schlufs, dafs dasselbe auch in der Vorzeit stattgefunden habe, ist gerechtfertigt.

Leop. v. Buch [2]) führt eine grofse Zahl von vulkanischen Inseln an, von denen wohl die meisten so benannt werden, weil sie noch thätige oder erloschene Vul-

———

1) Vom Ursprunge der Meteorite abstrahiren wir; denn sind sie kosmische Erzeugnisse: so sind es im Verhältnifs zur Erdmassen verschwindende Gröfsen.

2) Poggendorff's Annal. Bd. X. S. 1 ff. und S. 169 ff. Vergl. auch Peschel a. a. O.

kane tragen. Ist das Grundgebirge ein sedimentäres, welches die Vulkane durchbrochen haben: so findet dasselbe Verhältnifs statt, wie z. B. in den Umgebungen des *Laacker-See* und in der *Eifel*, wo die Bildung des Thonschiefergebirges längst vollendet war, ehe die vulkanischen Massen zum Durchbruch kamen. Der lange Zeitraum zwischen jener Bildung und dieser vulkanischen Thätigkeit tritt besonders da hervor, wo, wie namentlich am *Rodderberg*, sogar Schlacken und Lavabrocken auf Geschieben sich abgelagert haben.

Ehe man eine Insel im *Ocean* eine vulkanische nennt, hat man zu untersuchen, ob nicht auf derselben irgendwo ein sedimentäres Gestein sich findet. Diese Untersuchung kann manchmal sehr schwierig werden, wenn die vulkanischen Ausbrüche so mächtig waren und so lange anhielten, dafs die vulkanischen Massen das Grundgebirge bis zu bedeutenden Höhen bedeckt haben. Aber auch dann kann man meist zum Ziele gelangen, wenn man Bruchstücke sedimentären Gesteins in Laven eingeknetet oder mit vulkanischen Auswürflingen gemengt findet, wie dies bei den vorhin genannten erloschenen Vulkanen der Fall ist.

Werden solche Untersuchungen auf Inseln vorgenommen, welche vorbeifahrende Schiffer vulkanische nannten, weil sie Vulkane oder vulkanische Massen erblickten: so möchte wohl die gröfste Zahl dieser Inseln aus der Reihe der vulkanischen schwinden.

Ist nämlich ein sedimentäres oder auch ein metamorphosirtes Grundgebirge nachgewiesen: so finden dieselben Verhältnisse statt, wie bei den Vulkanen auf Continenten, welche solches Gebirge durchbrochen haben. Die säculäre Hebung des sedimentären Gesteins über das Meer war der erste, das Aufsteigen geschmolzener Massen in Spalten dieses Gesteins der zweite Act. Schon der Umstand, dafs jene Hebung in überaus langen Zeiträumen, dieses Aufsteigen, wie das Strömen der Lava aus Kratern zeigt, in sehr kurzen erfolgt, läfst uns erkennen, dafs die Kräfte, wodurch diese Ortsveränderungen von Statten gegangen sind und noch gehen, von ungleicher Art sein müssen, und daher nicht mit einander verwechselt werden dürfen.

Wo auf Inseln geschichtete Gesteine nicht nachgewiesen werden können, auch Einschlüsse derselben in
Lava oder gemengt mit losen vulkanischen Massen fehlen, da bleibt keine andere Annahme übrig, als die, dafs
geschmolzene Massen, wahrscheinlich aus grofsen Tiefen
unter dem Meeresboden kommend, diesen durchbrochen
haben. Ob aber solche Massen im meilentiefen Meere
bis zur Oberfläche, ja hoch über dieselbe steigen können,
ohne auf diesem langen Wege zu erstarren und eine Beute
des Meeres zu werden, ist eine andere Frage.

Die Tiefen des Meeres an der Stelle, wo die Insel
Sabrina im Archipel der *Azoren* im Januar 1811 auf-
stieg, war vor diesem Aufsteigen 180 Fufs und nach dem
Verschwinden der Insel, welches schon im Oktober des-
selben Jahres begann, 360 Fufs. Diese Tiefe wurde im
Jahre 1823 gemessen [1]). Die im Juli 1830 zwischen der
Südwestküste *Siciliens* und *Pantellaria* entstandene und
Ende December wieder verschwundene Insel *Ferdinandea*
ist nach Fr. Hoffmann's Angaben aus einer Tiefe von
700 bis 900 Fufs aufgestiegen [2]). Dies sind sehr geringe
Tiefen.

Als Beispiele von Inseln, welche im Meere aufgestiegen, aber später wieder verschwunden sind, führen
wir die eben genannten Inseln an. Hoffmann [3]) beob-
achtete bei *Ferdinandea* ununterbrochene Auswürfe von
Schlacken, Sand, Lapilli und Asche aus einem Krater.
Wahrscheinlich fand bei *Sabrina* dasselbe statt.

Aus lockeren Massen bestanden gewifs alle Inseln,
welche später vom Meere verschlungen wurden; denn geschmolzene Massen, welche während des Erstarrens ihren
Zusammenhang nicht verlieren, widerstehen den zerstö-
renden Wirkungen der Meereswogen weit länger, als sedimentäre Gesteine, aus denen die Seeküsten bestehen.
Dies kann aber nur dann geschehen, wenn diese Massen

---

1) v. Klöden, Handbuch der physischen Geographie Bd. I.
S. 193.
2) Meine Wärmelehre S. 297.
3) Pogg. Ann. Bd. XXIV. S. 65 ff. und meine Wärmelehre
S. 295 ff.

einen so bedeutenden Umfang haben, dafs lange Zeit-
räume verfliefsen, ehe die erkaltenden Wirkungen des
Meerwassers in das Innere dringen. Gleichwohl werden
auch dann noch die der schnellen Erkaltung ausgesetzten
äufseren Theile der Masse in Bruchstücke zerfallen, welche sich nach und nach ablösen. Die angeführten Inseln,
welche bald nach ihrem Aufsteigen wieder verschwanden,
konnten daher keinen so grofsen Umfang gehabt haben,
dafs sich im Innern und so weit hinab, als sie zerstört
wurden, ein fester Kern hätte erhalten können.

Es ist jedoch nicht zu übersehen, dafs vulkanische
Ausbrüche nicht immer mit Lavaergüssen verknüpft sind,
sondern sich blos auf das Auswerfen von losen Massen
beschränken. Dafs dies auch bei submarinen Vulkanen
stattfindet, zeigt unter anderm das Hervortreten der Insel
Ferdinandea [1]).

Die Schwierigkeiten, welche der Erstarrung geschmolzener in einem tiefen Meere aufsteigender Massen zu
compactem Gesteine entgegentreten, finden beim Aufsteigen in Spalten im sedimentären Gestein nicht statt.
In diesem Fall kommen diese Massen nicht in Berührung
mit dem rasch erstarrend wirkenden Meere. Sie bleiben
daher lange flüssig und können bis zur Oberfläche der
Insel aufsteigen und hier überfliefsen. Massen von ge-
ringem Umfang, welche, nach Durchbrechung des Meeresbodens in das Meer gelangend, sich bis zu geringer
Höhe ausbreiten und erstarren würden, reichen, wenn sie
nur etwas mehr betragen, als zur Ausfüllung der Spalten
erforderlich ist, und die hebende Kraft fortwirkt, hin,
die geschmolzene Masse zum Ueberfliefsen zu bringen.

Angenommen, dafs 30° der gröfste Neigungswinkel
ist, unter welchem die Ränder einer den Meeresboden
durchbrechenden geschmolzenen Masse gegen die Horizontale abfallen: so ist der Halbmesser einer Kreisfläche,
in welcher sich die Masse ausbreitet, leicht zu berechnen,
wenn die Meerestiefe bekannt ist, und die Spitze des sich
bildenden Kegels die Meeresfläche erreicht.

Ist h die Meerestiefe, so ist der Halbmesser r der

---

1) Meine Wärmelehre S. 296.

Basis des Kegels = cotang 30°. h. Das Mittel der beiden
Meerestiefen, aus denen *Ferdinandea* aufgestiegen ist,
ist 800 F.; folglich r = cotang 30°. 800 = 1385,6 F. und
der Durchmesser = 2771,2 F. Auf der Meeresfläche
hatte aber die Insel einen Umfang von 2100 F. War er
kreisförmig: so war der Durchmesser = 669 F., mithin
der Durchmesser der Basis des Kegels 2771,2 + 669 =
3440,2 F. = 0,151 Meilen. Die Spitze des Kegels ragte
210 F. über das Meer; seine ganze Höhe war daher 1010 F.,
sein Inhalt 3096998 Cub. Fufs. War der Neigungswinkel,
wie wahrscheinlich, kleiner als 30°: so wird diese Zahl
noch gröfser.

- Durchbricht eine solche geschmolzene Masse den
Meeresboden: so erstarrt die Oberfläche, so wie sie nur
mit dem Meerwasser in Berührung kommt und zerfällt
in Bruchstücke. Die gröfseren derselben werden in der
nachdringenden Masse niedersinken, die kleineren durch
heftige Dampfbildung emporgeschleudert werden und wieder zurückfallen. Die niedersinkenden Bruchstücke schmelzen wieder, die Temperatur der Masse so wie ihre Dünn-
flüssigkeit nimmt dadurch ab. Die Bruchstücke sinken
nicht mehr in der steifen Masse nieder, sondern häufen
sich auf der Oberfläche und hindern den Zutritt des Meerwassers. So kann es geschehen, dafs die langsam erkal-
tende Masse im compacten Zustande erstarrt. Es mag
sein, dafs auf dem Meeresboden, aus dem die verschwundene *Ferdinandea* aufgestiegen war, noch der bis zu
einer gewissen Höhe reichende compacte Rest der Insel
vorhanden ist, während die Bruckstücke von den Meereswogen fortgeführt worden sind.

Je nach den Umständen können in den erörterten
Verhältnissen mancherlei Modificationen eintreten, und
häufig mag es geschehen, dafs die vulkanischen Massen gar
nicht über das Meer kommen, sondern in gröfseren oder
geringeren Tiefen stecken bleiben. Donnerähnliches Ge-
räusch, locale Erhöhung der Temperatur des Meeres, heftige Aufwallungen u. s. w., wovon Seefahrer nicht selten
berichten, sind gewifs Zeichen solcher submariner Erup-
tiönen.

Die im Vorstehenden in das Auge gefafsten Ver-

hältnisse machen es sehr unwahrscheinlich, daſs Inseln,
wie z. B. *Jan Mayen*, welches mindestens aus einer Meerestiefe von 1784 Fuſs aufgestiegen ist (S. 9 ff.), durch und durch
aus vulkanischen Massen bestehen können. Da die Zunahme des Volumens der Lava, wenn sie vollständig zersetzt
wird, das 1,77 bis 2,243fache beträgt (Geologie Bd. I. S. 344),
wenn nichts von den Zersetzungsproducten fortgeführt
wird: so könnte gedacht werden, daſs eine geschmolzene
Masse, nachdem sie bis zu einer gewissen weit unter dem
Meeresspiegel befindlichen Höhe durch vulkanische Kräfte
gehoben worden, in Folge eintretender Zersetzung in langen Zeiträumen über diesen Spiegel kommt; ob indeſs
eine durch Zersetzung aufgelockerte Masse den Meereswogen widerstehen kann, ist zweifelhaft.

Viel wahrscheinlicher ist, daſs im Meere aufgestie-
gene vulkanische Massen das Schicksal von *Sabrina* und
Ferdinandea theilen. Sind sie Meeresströmungen ausge-
setzt: so wirkt auf sie, wie auf den Meeresboden, die
Erosion, welche durch chemische Zersetzung befördert
wird. Der von den vulkanischen Massen herrührende
Detritus ist gewiſs nur ein sehr geringer Bruchtheil von
dem, was der Meeresboden geliefert hat und noch liefert.

Mit der säculären Erhebung der Continente und Inseln über das Meer begann eine neue geologische Periode.
Bäche und Flüsse entstanden. Die Erosion nahm ihren
Anfang, dem Meeresboden wurde und wird noch wieder
zugeführt, was sein Eigenthum war. In den Polarzonen,
wo das Meer die geringsten Tiefen hat, tauchte das Land
zuerst auf, später im Aequatorialmeer, wo die gröſsten
Tiefen waren. Wir kennen die nördliche Polarzone nur
bis zu 80° Br., die südliche nur bis zur hohen senkrechten Eismauer, wo die Meerestiefe VII gemessen wurde.
Höchst wahrscheinlich ist in beiden Polarzonen nur der
geringste Theil der letzten zehn Breitengrade mit offenem
Meer, der gröſste mit Eis bedeckt. Aus gefrorenem Wasser konnte aber kein Land auftauchen.

Das Land, welches in der Aequatorialzone über den
ellipsoidisch geformten Meeresspiegel wenig sich erhob,
und in gleicher Höhe fortzog, war ebenso geformt. Wo
aber die gehobene Masse einerseits sich in das Meer

hinabzog, andererseits bis zu den höchsten Höhen anstieg,
da wich ihre Form gänzlich ab von der des ellipsoidischen
Meeresspiegels. Gerade in der Aequatorialzone, wo sich
die höchsten Gebirge und die tiefsten Meere finden, müssen die Conturen des Erdkerns im höchsten Grade un-
dulirt worden sein. Der Abstand der Spitze des höchsten Berges, des *Kintschindjinga* im *Himalaya-Gebirge*
vom tiefsten bis jetzt gemessenen Punkte im Meeresboden ist 3,056 Meilen. Er beträgt also noch 0,083 Meilen
mehr als die Differenz zwischen dem gröfsten und kleinsten Halbmesser der Erde. Jener Abstand ist das Werk
der Erosion des Meeresbodens und der Hebung. Nur
diese beiden Kräfte, nicht die Centrifugalkraft haben daher die Gestalt des festen Erdkerns verändert.

Nichts steht der Vermuthung entgegen, dafs dieser
Meeresboden, die damalige Erdoberfläche, kugelrund war,
Huyghen's und Newton's Hypothese eines ursprünglich
flüssigen Zustandes der Erde, woraus diese grofsen Na-
turforscher die Abplattung der Erde in Folge der Rotation zu erklären gesucht haben, und die hierüber geführ-
ten Discussionen, ob es ein feurig oder ein wässerig flüs-
siger Zustand war, werden überflüssig.

Wir haben aus Thatsachen Schlüsse gezogen, soweit
sie mit Sicherheit und mit Wahrscheinlichkeit gezogen
werden konnten. Erschöpft ist der Gegenstand noch lange
nicht, er wird der Erschöpfung näher kommen, wenn wir
die Configuration des Meeresbodens ebenso genau kennen
werden, als die des Landes. Alex. v. Humboldt,
hat sich die sehr dankenswerthe Mühe gegeben, die mittlere Erhebung des Landes über das Meer approximativ
zu ermitteln. Die genauere Kenntnifs der Meerestiefen
in allen zugänglichen Breiten weit entfernt von den Küsten und in der Nähe derselben wird es dann möglich
machen, den Theil des festen Landes zu schätzen, welcher die Grundlage des über das Meer erhobenen bildet
und nicht über dasselbe hervorragt, und das, was vom
ursprünglichen Meeresboden erodirt werden mufste, um
Land über denselben zu erheben.

Bitte an die Seemächte gerichtet.

Gern giebt man sich der Hoffnung hin, dafs es den Seemächten gefallen möge, Expeditionen zur Ermittlung der Meerestiefen, etwa von 30° S. Br. bis 60° N. Br., auszurüsten. Man müfste sich freilich auf Tiefen gefafst machen, die noch gröfser sind als die vom englischen Capitain Denham gemessenen. Denham gebrauchte eine 0,1 Zoll dicke Schnur.

Es würde genügen, wenn ein solches Nivellement etwa nur von 5 zu 5 Breitengraden vorgenommen werden könnte.

Der *grofse Ocean* dürfte sich hierzu am besten eignen, da die Seefahrt ziemlich in der Mitte zwischen *Asien* und *Amerika*, mithin sehr weit von Continenten entfernt stattfinden könnte. Mit Ausnahme der *Sandwichs-Inseln* würde man nur wenige unbedeutende Inseln, dem Zwecke gemäfs in angemessener Entfernung, zu umschiffen haben.

Oben (S. 12) wurde der Wunsch ausgesprochen, dafs im Parallelkreis von 50° 30′ N. Br. zwischen *Asien* und *Amerika*, wenn auch nur an einigen Punkten Peilungen vorgenommen werden möchten. Dieser Parallelkreis berührt die östliche Küste von *Russland* und die westliche des *Brittischen Amerika* und kommt der der *Vereinigten Staaten* nahe. Möchten sich doch die drei Seemächte dieser Länder in ein solches Unternehmen theilen. Man würde dann im Anschlufs an die *Atlantische* Telegraphenlinie die Meerestiefen in jenem Parallelkreis rund um die Erde kennen lernen.

Dafs die genannten Messungen von unschätzbarem Werthe zur Ermittlung der wahren Gestaltung des Erdkerns und zur Kenntnifs uranfänglicher geologischer Verhältnisse sein würden, glauben wir im Vorstehenden gezeigt zu haben. Dieser Werth würde sich noch erhöhen,

wenn damit Temperaturbeobachtungen auf dom Meeresboden verknüpft und Proben desselben heraufgezogen
werden würden. So grofs auch die Zahl jener Temperaturbeobachtungen ist, so sind es doch nur wenige, welche bis zum Meeresboden gereicht haben. Dafs man endlich Proben des Meeresbodens aus grofsen Tiefen an das
Tageslicht bringen kann, zeigen die Peilungen auf der
Atlantischen Telegraphenlinie (S. 5).

Bonn, Druck von Carl Georgi.